„Jeden Tag

ein bisschen
Liebe verschenken,

heißt

jeden Tag

ein bisschen
Weihnachten haben."

Monika Minder

Kim W. Sommer

Süße Weihnachten für alle

Die Rezepte sind auch für Vegetarier, Veganer und Personen mit Nahrungsmittel-Unverträglichkeiten, wie Histamin, Laktose, Fructose, Sorbit und Gluten gut geeignet.

tredition

2. Auflage

© 2024 Kim W. Sommer

Umschlag: Kim W. Sommer, erstellt mit dem tredition Cover-Designer

Illustration: Kim W. Sommer

Druck und Distribution im Auftrag der Autorin:

tredition GmbH, Halenreie 40-44, 22359 Hamburg, Deutschland

ISBN

Softcover   978-3-384-37167-6

Hardcover   978-3-384-37168-3

Die Publikation und Verbreitung erfolgen im Auftrag der Autorin, zu erreichen unter: Kim W. Sommer, c/o WirFinden.Es, Naß und Hellie GbR, Kirchgasse 19, 65817 Eppstein, Deutschland.

Inhaltsverzeichnis

„Die Botschaft

von Weihnachten:

Es gibt keine

größere Kraft

als die LIEBE.

Sie überwindet den

Hass wie das Licht

die Finsternis.“

Martin Luther King

Der Grund für dieses Buch:

Die Weihnachtszeit ist für mich eine der schönsten Zeiten im Jahr.

Die Wohnungen und Häuser werden adventlich und weihnachtlich geschmückt.

Die Städte erstrahlen in weihnachtlichem Glanz.

Häufig kommen Familien aller Generationen zusammen, um gemeinsam schöne Weihnachtsfeiertage zu verbringen.

Generell ist in der Advents- und Weihnachtszeit Harmonie und Besinnlichkeit zu spüren.

Die Weihnachtszeit kann manchmal aber auch sehr stressig sein.

Damit Ihr in der manchmal stressigen Vorweihnachtszeit auch etwas Zeit für euch finden und zur Ruhe kommen könnt, habe ich in diesem Buch für euch einen Achtsamkeits-Adventskalender und eine Atemübung gegen Stress aufgeführt.

Zur Weihnachtszeit gehören aber auch die vielen leckeren weihnachtlichen Süßigkeiten.

Fast jeder wird in der Vorweihnachtszeit schon mal in der Küche gestanden haben und weihnachtliche Kekse gebacken haben.

Gerade Kindern bereitet das weihnachtliche Backen viel Freude.

Allerdings gibt es in der heutigen Zeit immer mehr Leute, die an Nahrungsmittel-Intoleranzen, Nahrungsmittel-Unverträglichkeiten oder Nahrungsmittel-Allergien leiden. Aber auch aus anderen Gründen ernähren sich heutzutage viel mehr Menschen vegan, als dies früher der Fall war.

Mal eben fertige Gerichte oder Süßigkeiten im Supermarkt einkaufen, im Restaurant Essen bestellen oder beim Bäcker um die Ecke frische Brötchen oder Brote kaufen, ist dann nicht mehr so einfach möglich.

Gerade in der Weihnachtszeit gibt es im Supermarkt oder beim Bäcker eine große Auswahl an süßen Weihnachtsschlickereien. Leider sind diese Produkte überwiegend nur für Personen zu genießen, die keine Intoleranzen, Unverträglichkeiten oder Allergien haben.

Ich bin selbst von einigen Nahrungsmittel-Intoleranzen betroffen.

Ich wollte mich aber nicht damit abfinden, dass ich in der Weihnachtszeit auf leckere Waffeln, Spekulatius oder auch auf andere weihnachtliche Süßigkeiten verzichten soll.

Deshalb habe ich eigene Rezepte entwickelt, die bei vielen Nahrungs-mittel-Intoleranzen, Nahrungsmittel-Unverträglichkeiten oder Nahrungsmittel-Allergien gut geeignet sind.

Alle Rezepte in diesem Buch sind laktosefrei. Die meisten Rezepte sind zudem vegan, vegetarisch, glutenfrei, fructosearm und histaminarm.

Also egal, ob Ihr an Nahrungsmittel-Intoleranzen, Nahrungsmittel-Unverträglichkeiten oder Nahrungsmittel-Allergien leidet oder nicht.

Diese leckeren Rezepte sind einfach und schnell zubereitet und sie werden auch euren Gästen schmecken!

Ich wünsche euch allen eine schöne Adventszeit und frohe Weihnachten!

Mit besten Wünschen

Kim W. Sommer

Achtsamkeits-Adventskalender

1. Höre dir eine Meditation an.

2. Lass die Woche einmal Revue passieren und schreibe auf, was dir in dieser Woche Positives passiert ist.

3. Trage heute 10 Minuten nichts tun in deinen Kalender ein.

4. Motivationskick: Gönne dir etwas. Kaufe dir etwas, was du schon lange haben wolltest.

5. Such dir ein leckeres Backrezept raus und verschenke einen Teil zum morgigen Nikolaustag.

6. Suche ein schönes Gedicht oder ein schönes Zitat raus und schicke es einer lieben Person.

7. Mach dir heute selbst ein Kompliment.

8. Lade jemanden zum Abendessen ein.
   Bereite dafür dein Lieblingsessen zu. Esst es achtsam und bewusst.

9. Sprich heute den ganzen Tag nur mit positiven Worten.

10. Entfolge allen Accounts auf deinen Socialmedia-Kanälen, bei denen du

ein schlechtes Gefühl oder Selbstzweifel hast. Tue das Gleiche bei deiner Kontaktliste.

11. Mache heute jemandem ein Kompliment.

12. Koche dir eine Tasse Tee. Nimm dir ein schönes Buch zur Hand. Lese darin eine halbe oder eine ganze Stunde und schaue während der Zeit nicht auf dein Handy.

13. Lächle heute eine fremde Person an und versüße der Person damit den Tag.

14. Schreibe auf, worüber du gerade dankbar sein kannst.

15. Schaue dir heute alte Urlaubsfotos an.

16. Schreibe einer Person, die du viel zu selten hörst oder rufe die Person an.

17. Suche deine Playlist mit deinen Lieblingssongs raus. Dreh die Musik laut auf und tanze dazu.

18. Gehe heute mindestens zwanzig Minuten spazieren.

19. Setze dich heute in der Mittagspause oder zu Hause für fünf Minuten raus und atme ganz bewusst ein und aus.

20. Mache bewusst heute eine Atemübung, die gegen Stress hilft.

21. Mache dich heute richtig schick (nur für dich selbst).

22. Suche dein liebstes Weihnachtslied raus. Dreh die Musik laut auf und tanze dazu.

23. Überlege dir drei Dinge, die du ganz besonders an dir magst.

24. Sage heute jemandem, wie gern du ihn oder sie hast. Er oder sie wird sich freuen!

4-6-Atemübung

Eine bessere, bewusste Atmung fördert die Gesundheit positiv.

Es gelangt mehr Sauerstoff in das Blut, die Konzentration wird gestärkt, der Blutdruck sinkt, der Puls sinkt, wir werden wacher und fühlen uns nach kurzer Zeit entspannter.

Atemübungen sind leicht erlernbar. Sie sind effektiv. Sie erfordern nur wenig Aufwand und sie können von überall gemacht werden! Die folgende Übung hilft Ihnen dabei, richtig zu atmen:

<u>Vorbereitung der Übung:</u>

Öffne, wenn möglich ein Fenster und setze dich dann aufrecht auf einen Stuhl oder setz dich aufrecht draußen an die frische Luft.

Nimm dir dann etwa eine Minute Zeit, um einfach aufrecht und ruhig zu sitzen. Dann beginne mit der folgenden Übung.

<u>Die 4-6-Atmung:</u>
(Achtsames Atmen im 4-6-Rhythmus)

Bei dieser Übung atmest du 4 Sekunden lang ein und 6 Sekunden lang aus.

Die Atemübung hilft uns in akuten Stress- oder Paniksituationen. Durch diese Übung kommen wir schnell zur Ruhe.

Stress lässt uns intuitiv meist sehr flach und schnell atmen. Mit der 4-6-Atmung beruhigen wir uns wieder und atmen danach ruhiger.

Dauer: ca. 8-10 Minuten

<u>Durchführung der Übung:</u>

Fixiere einen Punkt etwa einen Meter vor dir auf dem Boden oder schließe deine Augen.

Atme 4 Sekunden lang bewusst tief durch die Nase ein.

Atme dann ohne Pause langsam durch die Nase aus und lass dir dafür etwa 6 Sekunden Zeit.

Wiederhole diese Vorgehensweise mehrfach.

Deine Lungen füllen sich mit Luft, während sich deine Schultern sanft heben.

Merkst du, wie sich beim Einatmen erst dein Bauch wölbt und dann deine gesamte Taille?

Der frische Sauerstoff durchfließt dich wie eine Welle.

Beim Einatmen durchfließt es dich zuerst im gesamten Oberkörper.

Beim Ausatmen durchfließt es dich dann bis in deine Zehen-, Finger- und Haarspitzen.

Diese Welle schenkt dir neue Kraft, während sie durch deinen ganzen Körper strömt.

Beende nun die Übung, indem du
wieder den Raum um dich herum
wahrnimmst, die Augen langsam
öffnest – oder deinen Blick vom
Fixpunkt löst.

Du wirst die Entspannung in deinem
Körper nachspüren.

Nahrungsmittel-Intoleranzen

Was versteht man unter einer Nahrungsmittel-Intoleranz oder einer Nahrungsmittel-Unverträglichkeit?

Eine Nahrungsmittelunverträglichkeit ist eine Intoleranz auf bestimmte Lebensmittel.

Der Organismus kann bei Menschen mit einer Nahrungsmittel-Intoleranz spezielle/ bestimmte Lebensmittel nicht richtig verdauen oder verstoffwechseln.

Der häufigste Grund dafür ist, dass notwendige Enzyme nicht oder nicht in dem notwendigen Maße bei der Verdauung, dem Stoffwechsel produziert werden.

Dies führt bei den betroffenen Personen dazu, dass es zu anhaltenden Verdauungsbeschwerden, wie Durchfall, Verstopfung,

Magenschmerzen, Bauchschmerzen, Bläh-
ungen, Blähbauch, Übelkeit, Erbrechen,
Aufstoßen und Völlegefühl kommt.

Aber auch Müdigkeit, Kopfschmerzen,
Herzrhythmusstörungen, Schwellungen,
Rötungen der Haut oder Hautausschläge
können Anzeichen einer Nahrungsmittel-
Unverträglichkeit sein.

Laktose-Intoleranz:
Bei einer Laktose-Intoleranz kann der
Milchzucker (die Laktose) vom Körper
nicht richtig verdaut werden.

Fructose-Intoleranz:
Bei einer Fructose-Intoleranz kann der
Fruchtzucker vom Körper nicht richtig
aufgenommen werden.

Sorbit-Intoleranz:
Bei einer Sorbit-Intoleranz können
bestimmte Zuckeralkohole nicht oder
nur unzureichend verwertet werden. Die
Sorbit-Intoleranz tritt häufig zusammen
mit der Fructose-Intoleranz auf.

Glutenunverträglichkeit/Zöliakie:
Bei einer Glutenunverträglichkeit/
Zöliakie handelt es sich um eine
chronisch entzündliche Darmerkrank-
ung, die wegen bestimmter Immun-
reaktionen zustande kommt.

Weizenunverträglichkeit:
Bei einer Weizenunverträglichkeit
verursacht der Verzehr von Lebens-

mitteln, die das Getreide Weizen enthalten, Beschwerden.

<u>Histamin-Intoleranz:</u>
Bei einer Histamin-Intoleranz kann das Histamin vom Körper nicht richtig abgebaut werden.

Viele Menschen mit einer Nahrungsmittel-Intoleranz oder einer Nahrungsmittel-Unverträglichkeit wissen gar nicht, woher Ihre andauernden Beschwerden kommen.

Häufig ist es ein langer Leidensweg für die betroffenen Personen, bis die richtige Diagnose gestellt wird.

Wenn Sie den Verdacht auf eine Nahrungsmittel-Intoleranz oder Nahrungsmittel-Unverträglichkeit haben, dann sprechen Sie mit einem Facharzt/einer Fachärztin über Ihre Vermutung.

Je nachdem um welche Nahrungsmittel-Intoleranz oder Nahrungsmittel-Unverträglichkeit es sich handelt, sind unterschiedliche Tests durchzuführen.

Wichtige Vorabinformationen zu den Rezepten:

Alle Rezepte in diesem Buch sind eigene Rezepte der Autorin.

Die in diesem Buch enthaltenen Rezepte sind leicht nachzumachen. Sie sind deshalb auch gut geeignet, um gemeinsam mit Kindern zu backen.

Die meisten Rezepte enthalten gegenüber herkömmlichen Back-rezepten keinen normalen Haus-haltszucker, sondern unterschiedliche Zucker-Alter-nativen, wie Rohr-(rohr)-zucker, Kokosblütenzucker, Trauben-zucker, Reissüße oder Reissirup.

Zudem ist auch der Anteil an Zucker geringer als bei herkömmlichen Backrezepten.

Dies schadet dem Geschmack aber in keinster Weise ;)

Denn zu viel Zucker schadet unserem Körper. Nach der Aufnahme von Haushaltszucker bekommen wir zuerst mehr Energie. Dieser Energieschub hält aber nicht lange an.

Schon kurze Zeit später fühlen wir uns antriebslos, sind müde, bekommen Verdauungsprobleme, haben Konzentrationsschwierigkeiten und unser Immunsystem wird geschwächt.

Wer aber nur besonders süße Plätzchen mag, der kann auch den Anteil Zucker in den Rezepten erhöhen. Mehr als 30 g zusätzlich an Zucker für ein Rezept, würde ich aber nicht empfehlen.

Die Rezepte sind auch für Menschen mit Nahrungsmittel-Intoleranzen oder Nahrungsmittel-Unverträglichkeiten gut geeignet:

Die Rezepte können sowohl von Menschen ohne Nahrungsmittel-Unverträglichkeiten-/Intoleranzen als auch von Menschen mit verschiedensten Nahrungsmittel-Unverträglichkeiten/-Intoleranzen gegessen werden.

Eventuell müssen bei vorliegenden Intoleranzen/Unverträglichkeiten Lebensmittel ausgetauscht werden.

Bei den Rezepten in diesem Buch, wo histaminarm aufgeführt ist, wurden Lebensmittel der Kategorie 0 oder 1 von der Liste der SGHI genommen.

Die Autorin dieses Buches ist selbst von einer Histamin-Intoleranz betroffen und verträgt diese Rezepte gut.

Da aber jeder Mensch unterschiedlich ist, verträgt auch jeder Mensch unterschiedliche Lebensmittel.

Die Fachexpertenliste von der SGHI (Schweizerische Interessengemeinschaft Histamin-Intoleranz) finden Sie im Internet.

Die Liste der SGHI ist eine Lebensmittel-Verträglichkeitsliste.

Dort werden die Lebensmittel nach Stufen des Histamingehaltes aufgeteilt und auch ob es Libratoren sind oder nicht. Diese Liste ist eine gute Orientierung für Personen, die an einer Histamin-Intoleranz leiden.

Austauschmöglichkeiten:

Die Zutaten können je nach Verträglichkeit bei den meisten Rezepten angepasst und ausgetauscht werden:

Einfacher Austausch von Zucker:

- Als Ersatz für Rohr-(rohr-)zucker oder Kokosblütenzucker kann Traubenzucker oder Reissüße verwendet werden. ->Dann ist das Rezept fructosearm.
- Es kann aber auch normaler Haushaltzucker verwendet werden, wenn keine Unverträglichkeiten bestehen.

Einfacher Austausch von Mehl:

- Das Dinkelmehl kann gegen eine glutenfreie Mehlmischung ausgetauscht werden, wenn eine Zöliakie oder eine Glutenunverträglichkeit besteht.
- Das Dinkelmehl kann auch gegen Dinkel-Vollkornmehl ersetzt werden. Dann werden die Rezepte gesünder. Denn Dinkel-Vollkornmehl enthält viele Ballaststoffe. Diese Variante ist dann nicht mehr so süß im Geschmack, aber gerade für kleinere Kinder eine gute Alternative.
- Das Dinkelmehl kann auch durch normales Weizenmehl ersetzt werden, wenn keine Unverträglichkeit besteht.

**Einfacher Austausch von Milchpro-
dukten und der veganen Alternativen:**

- Im Austausch für laktosefreie
  Milchprodukte können vegane
  Alternativen genutzt werden.
  Genauso umgekehrt.
- Wenn keine Intoleranz gegen
  Laktose besteht, dann können auch
  normale Milchprodukte verwendet
  werden.
- Anstelle von laktosefreier Butter,
  kann normale Butter, eine vegane-
  Butter-Alternative, Margarine,
  vegane Margarine verwendet
  werden.

  Bei einer Histamin-Intoleranz ist
  darauf zu achten, dass die
  Alternativen kein Sonnenblumenöl
  enthalten.

- Anstelle von der Butter kann aber auch Rapsöl mit Buttergeschmack oder Kokosöl verwendet werden. Beide Alternativen sind vegan. Anstelle von 100 g Butter sind dann 80 ml Öl zu verwenden. Die Ruhezeit entfällt dann bei den Keksrezepten, wenn Öl anstatt Butter genommen wird.

Einfacher Austausch von Ceylon-Zimt:

- Im Austausch für Ceylon-Zimt (besser verträglich bei einer Histamin-Intoleranz) kann normaler Zimt genommen werden.

Einfacher Austausch von Backpulver zu Weinsteinbackpulver:

Beim Backen kann die in den Rezepten angegebenen Menge an Weinsteinbackpulver 1 zu 1 durch herkömmliches Backpulver ersetzt werden.

Allerdings ist Weinsteinbackpulver die gesündere Alternative zum herkömmlichen Backpulver, da hier die natürliche Weinsteinsäure als Säuerungsmittel fungiert und nicht das Phosphat.

In geringen Mengen schadet Phosphat dem Körper nicht. Nimmt der Körper aber zu viel Phosphat auf, dann kann dies unserer Gesundheit schaden. Zu viel Phosphat kann Schäden an der Niere verursachen oder es kann zu Osteoporose kommen.

Einfacher Austausch von Haferflocken:

Beim Backen kann die in den Rezepten angegebenen Menge an glutenfreien Haferflocken 1 zu 1 durch normale Haferflocken ersetzt werden.

Austausch von Eiern:

- Ein Ei kann durch 60 g Apfelmus, Apfelpüree oder Apfelmark ersetzt werden. Diese Variante eignet sich am besten bei Kuchen, Keksteigen oder bei süßen Brötchen oder Broten.
Wenn Sie an einer Histamin-Intoleranz leiden, dann verwenden Sie bitte Apfelpüree oder Apfelmark ohne weitere Zusatzstoffe.

Apfelmus enthält Citronensäure, die bei einer Histamin-Intoleranz häufig nicht vertragen wird.

Apfelmus, Apfelpüree oder Apfelmark sind auch gute Alternativen für Veganer.

- Ein Ei kann auch durch vier Wachteleier ersetzt werden. Wachteleier werden bei einer Histamin-Intoleranz meistens gut vertragen.
- Ein Ei kann aber auch durch ein Gemisch aus Leinsamen und Wasser ersetzt werden (siehe Rezept).

Ei-Ersatz aus Leinsamen und Wasser herstellen:

<u>Zutaten:</u>

- 6 g geschroteter Leinsamen
- 45 ml warmes Wasser

<u>Zubereitung:</u>

Die geschroteten Leinsamen mit dem warmen Wasser in eine kleine Schüssel geben. Mit einer Gabel oder einem kleinen Schneebesen vermischen, bis eine schöne dicke Masse entstanden ist.

Das Gemisch ungefähr 20 Minuten quellen lassen und dann in den Teig geben.

Diese Variante eignet sich gut für Brot- oder Brötchenteige oder generell für Teige, wo nur ein Ei ersetzt werden muss.

Das Ganze funktioniert genauso gut mit Chiasamen!

Tipps für ein sicheres gelingen der Backrezepte:

- Wenn Ihr das Backblech ein wenig anfeuchtet, dann rutscht das Backpapier nicht weg, wenn Ihr es anschließend auf das Backblech legt und dann die Kekse darauf verteilt
- Wenn Ihr das Backpapier einmal zusammenknüllt und dann wieder auseinanderfaltet und glattstreicht, dann passt es besser und leichter auf das Backblech
- Ihr könnt das Backblech auch schon gleich am Anfang mit dem Backpapier belegen, dann könnt Ihr den Teig direkt nach Zubereitung darauf verteilen.

- Eine umweltfreundlichere
  Alternative zu normalem
  Backpapier sind feste Backmatten
  oder Dauer-Backfolie.
- Mürbeteig sollte gut durchgeknetet
  werden, bevor er in Klarsichtfolie
  gewickelt wird. Wenn der
  Mürbeteig mindestens eine halbe im
  Kühlschrank ruht, dann lässt er sich
  danach leichter ausrollen. Der Teig
  klebt dann nicht so und kann dann
  gut ausgestochen werden.
- Wenn Ihr Teige mit Backpulver
  zubereitet, dann solltet Ihr diese
  möglichst sofort nach der
  Zubereitung in den Backofen
  schieben. Je länger der Teig mit
  Backpulver steht, desto mehr
  Backkraft verliert er.

- Wenn Ihr mehrere Backbleche mit Keksen/Plätzchen gleichzeitig im Backofen backen wollt, dann verwendet die Umluft Funktion des Backofens. Dann verteilt sich die Hitze gleichmäßig im Backofen. Für das Backen mit Umluft nehmt Ihr immer 20 Grad Celsius weniger, als wenn Ihr mit Ober- und Unterhitze backt.

- Damit sich Brotteig oder Kuchenteig leichter aus der Form lösen lässt, pinselt Ihr die Backform vor der Befüllung des Teiges mit etwas Öl gleichmäßig ein.

- Für eine Kastenkuchen oder Kastenbrotform kann auch Backpapier in die Form gelegt werden. Dann könnt Ihr das Brot oder den Kuchen nach dem Backen ganz einfach aus der Form nehmen.

- Wenn Ihr den Kuchen oder das Brot nach dem Backen etwa 10 Minuten abkühlen lasst und erst dann stürzt, dann wird sich der Kuchen oder das Brot leichter aus der Form lösen lassen.

- Macht am besten so 5 Minuten vor dem Ende der regulären Backzeit eine Stäbchenprobe. Wenn noch Teig an dem Stäbchen kleben bleibt, dann braucht der Teig noch weitere Backzeit. Wenn kein Teig mehr an dem Stäbchen kleben bleibt, dann ist der Kuchen oder das Brot fertig und kann aus dem Backofen genommen werden.

<u>**Ein letzter Tipp der Autorin:**</u>

Sucht euch eine CD mit Weihnachtsliedern aus oder sucht euch auf eurem Handy eine Weihnachtsplaylist aus.

Dreht dann beim Backen die Musik auf und schon habt Ihr eine adventlich weihnachtliche Stimmung!

Die Autorin dieses Buch wünscht euch jetzt viel Spaß beim Backen der Rezepte!

Rezept für einen Smoothie in der Adventszeit:

Dieses Rezept ist schnell zubereitet und genau das Richtige für einen entspannten Moment in der Adventszeit.

Der Smoothie ist in fünf Minuten zubereitet und kann dann direkt genossen werden.

Dieses Rezept ist

- histaminarm
- fructosearm
- laktosefrei
- glutenfrei
- vegetarisch
- vegan

Das Rezept ist für einen Smoothie geeignet. In das Glas sollten mindestens 350 ml passen.

<u>**Zutaten:**</u>

- 170 ml veganer Haferdrink (möglichst die Barista-Variante), es kann aber auch eine andere vegane Milchalternative genommen wer-den

- 1 Hand voll frischer oder tief-gekühlter Blaubeeren

- 25 g glutenfreie Haferflocken

- 15 ml Reissirup

- ½ TL Ceylon-Zimt oder Kardamom

<u>**Zubereitung:**</u>

Zuerst die Blaubeeren abspülen.

Dann alle Zutaten nacheinander in einen Mixer geben.

Alles etwa zwei Minuten gut durch mixen. Das Ganze funktioniert auch mit einem Pürierstab. Wenn euch die Konsistenz noch nicht gefällt, dann könnt ihr auch noch mehr Haferdrink dazugeben.

Anschließend den Smoothie in ein passendes Glas füllen.

Wer möchte, kann jetzt noch einen Strohhalm in das Glas stecken.

Jetzt brauchen Sie sich nur noch einen entspannten Sitzplatz suchen und dann können Sie den Smoothie direkt genießen!

Guten Appetit!

Rezept für ein weihnachtliches Marzipaneis:

Dieses Eisrezept ist schnell zubereitet und genau das Richtige Eis in der Adventszeit.

15 Minuten Zubereitungszeit und 2 Stunden Gefrierzeit.

Dieses Rezept ist

- histaminarm
- laktosefrei
- glutenfrei
- vegetarisch

Das Rezept reicht ungefähr für acht Personen.

<u>Zutaten:</u>

- 90 g Puderzucker

- 300 g laktosefreie Sahne

- 410 ml laktosefreie Milch oder vegane Milchalternative

- 110 g Marzipanrohmasse

- 8 frische Eigelb

Zuerst werden die Eigelbe mit dem Puderzucker in eine große Schüssel gegeben und mit den Rührhaken des Handrührgerätes schaumig aufgeschlagen. Fangt die erste Minute auf der geringsten Stufe an und rührt dann etwa 5 Minuten auf höchster Stufe weiter.

Das Gemisch sollte nachher hellgelb und dickschaumig aussehen.

Dann schneidet Ihr die Marzipan-Rohmasse in feine Würfel und rührt diese anschließend unter die Mischung aus Eigelb und Puderzucker. Rührt so lange bis eine homogene Masse entstanden ist.

Anschließend gebt Ihr die laktosefreie Milch und Sahne hinzu und rührt alles gleichmäßig um.

Die fertige Masse gebt Ihr in eine flache Form. Diese lasst Ihr ungefähr 2 Stunden zugedeckt im Gefrierschrank gefrieren. Damit sich in dem Eis nicht so viele Eiskristalle bilden, rührt Ihr etwa alle 20 Minuten die Eismasse mit einem Schneebesen kräftig um.

Nun könnt Ihr das Eis in ein luftdicht verschlossenes und für den Gefrierschrank geeignetes Gefäß/Dose füllen oder Ihr könnt das weihnachtliche Eis direkt in kleine Schälchen oder Eistüten füllen und anschließend servieren.

Guten Appetit!

Rezept für ein weihnachtliches Vanilleeis mit Macadamia-Nüssen:

Dieses Eisrezept ist schnell zubereitet und genau das Richtige Eis für die Advents- und Weihnachtszeit.

15 Minuten Zubereitungszeit und 2 Stunden Gefrierzeit.

Dieses Rezept ist

- histaminarm
- laktosefrei
- glutenfrei
- vegetarisch

Das Rezept reicht ungefähr für acht Personen.

<u>Zutaten:</u>

- 120 g Puderzucker

- 300 g laktosefreie Sahne

- 410 ml laktosefreie Milch oder vegane Milchalternative

- 9 g gemahlene Bourbon-Vanille

- 8 frische Eigelb

- 100 g Macadamia-Nüsse

<u>**Zubereitung:**</u>

Zuerst werden die Eigelbe mit dem Puderzucker und der gemahlenen Bourbon-Vanille in eine große Schüssel gegeben und mit den Rührhaken des Handrührgerätes schaumig aufgeschlagen. Fangt die erste Minute auf der geringsten Stufe an und rührt dann etwa 10 Minuten auf höchster Stufe weiter. Das Gemisch sollte nachher hellgelb und dickschaumig aussehen.

Die Macadamia-Nüsse gebt Ihr in einen luftdicht verschlossenen Gefrierbeutel und hackt die Nüsse dann klein.

Anschließend rührt Ihr die kleingehackten Nüsse unter die Mischung aus Eigelb, gemahlener Vanille und Puderzucker.

Anschließend gebt Ihr die laktosefreie Milch und Sahne hinzu und rührt alles gleichmäßig um, bis eine homogene Masse entstanden ist.

Die fertige Masse gebt Ihr in eine flache Form. Diese lasst Ihr ungefähr 2 Stunden zugedeckt im Gefrierschrank gefrieren. Damit sich in dem Eis nicht so viele Eiskristalle bilden, rührt Ihr etwa alle 20 Minuten die Eismasse mit einem Schneebesen kräftig um.

Nun könnt Ihr das Eis in ein luftdicht verschlossenes und für den Gefrierschrank geeignetes Gefäß/Dose füllen oder Ihr könnt das weihnachtliche Eis direkt in kleine Schälchen oder Eistüten füllen und anschließend servieren.

Beim Servieren könnt Ihr noch kleingehackte Macadamia-Nüsse auf dem Vanilleeis verteilen oder Ihr serviert das Vanilleeis zusammen mit heißen Kirschen.

Guten Appetit!

Rezept für eine winterliche Marmelade

Rezept für eine histaminarme und winterliche Marmelade mit Äpfeln, Trauben und Zimt!

Ich liebe einfach Marmelade. Egal ob zum Frühstück auf selbstgemachtem Brot oder Brötchen oder auf Crêpes, Reibekuchen oder Waffeln.

Leider sind die meisten Marmeladen aus den Supermärkten bei einer Histaminintoleranz nicht geeignet.

Das Rezept ist

- histaminarm
- laktosefrei
- glutenfrei
- vegetarisch
- vegan

- 800 ml Traubensaft

- 4 Äpfel

- 1 TL Ceylon-Zimt

- 100 g Rohr-(rohr)zucker oder Kokosblütenzucker

- 1 Packung Apfelpektin

<u>**Zubereitung:**</u>

Zuerst die Äpfel schälen, entkernen und in kleine Würfelstückchen schneiden. Dann die Äpfel in einen großen Topf geben und die restlichen Zutaten hinzugeben. Wer nachher keine Apfelstücke in der Marmelade haben will, der kann die Apfelstücke auch mit einem Stabmixer pürieren.

Jetzt alle Zutaten aufkochen und dabei immer wieder umrühren. Alles für etwa 5-10 Minuten auf kleiner Flamme weiter köcheln lassen. Dabei immer wieder umrühren.

Gelierprobe machen!

Wenn die Marmelade fertig ist, diese vom Herd nehmen und den Topf mit der fertigen Marmelade auf eine hitzebeständige Unterlage stellen.

Passende Marmeladengläser sterilisieren. Die Gläser kurz mit heißem Wasser aus dem Wasserkocher auffüllen und dann wieder ausgießen.

Anschließend die Marmelade mit einer Kelle in die Marmeladengläser füllen und luftdicht verschließen. Die Gläser auf den Kopf stellen. Die Marmelade 24 Stunden ruhen lassen und dann ungeöffnet entweder bei Raumtemperatur dunkel lagern oder im Kühlschrank lagern.

Die Marmelade hält sich ungeöffnet mehrere Monate.

Lasst euch die histaminarme Marmelade schmecken!

Rezept für ein Weihnachtsbrot

Das Rezept ist für ein schnelles Weihnachtsbrot in einer Kastenform.

Das Rezept ist

- histaminarm (wenn Ei-Ersatz genommen wird)
- fructosearm
- laktosefrei
- glutenfrei (wenn glutenfreies Mehl verwendet wird)
- vegetarisch
- vegan (wenn vegane Alternativen aus Ei und Quark/Skyr genommen werden

<u>**Zutaten:**</u>

- 250 g Dinkelmehl oder eine glutenfreie Mehlmischung oder ein Mix aus Beidem

- 250 g laktosefreier Magerquark oder laktosefreier Sky (vegane Alternativen sind auch möglich)

- 1 Ei oder Ei-Ersatz

- 1 Packung Weinsteinbackpulver

- 2 Prisen Meersalz

- 1/2 TL Ceylon-Zimt

- 1 Prise Kardamom

- etwas Wasser

- Nach Belieben und nach Verträglichkeit können noch (glutenfreie) Haferflocken, geschrottete Leinsamen, Kürbiskerne, Sonnenblumenkerne, gemahlene Flohsamenschalen, Chiasamen oder Dattelstücke hinzugefügt werden

<u>Zubereitung:</u>

Zuerst Mehl, Backpulver, Zimt, Kardamom und Salz in einer Schüssel mit einem großen Löffel gut vermischen. Danach das Ei und den Magerquark oder den Skyr dazugeben.

Anschließend können diverse Körner oder/und die Dattelstücke nach Belieben hinzugefügt werden. Je nach Menge der Körner wird noch etwas Wasser benötigt, damit der Teig sich gut kneten lässt.

Den Backofen auf 170 Grad Umluft oder 190 Grad Ober- und Unterhitze vorheizen.

Dann den Teig mit der Hand nochmal gut durchkneten und in die Kastenform geben.

Den Teig oben mit etwas Wasser einpinseln. Dann wird die Kruste nachher schön braun. Jetzt kann der Teig noch mit Körnern bestreut werden. Die Körner leicht in den Teig drücken, damit diese beim Backen nicht verbrennen.

Das Brot ca. 45-55 Minuten im Backofen backen. Nach ca. 15 Minuten den Teig der Länge nach ca. 1 cm tief einschneiden, dann geht der Teig oben auf und nicht an einer Seite.

Stäbchenprobe machen. Wenn kein Teig mehr kleben bleibt, dann ist das Brot fertig.

Das Brot auf einem Küchenrost abkühlen lassen und erst dann anschneiden und genießen.

Guten Appetit!

Rezept für ein weihnachtliches Nuss-Rosinen-Brot

Dieses Rezept ist für eine große Kastenform geeignet.

Dieses Rezept ist

- histaminarm
- laktosefrei
- vegetarisch
- vegan
- glutenfrei (wenn ausschließlich gluten-freies Mehl verwendet wird)

Zutaten:

- 250 g Dinkelvollkornmehl

- 250 g glutenfreie Mehlmischung

- 1 Packung Weinsteinbackpulver

- 1 TL Meersalz

- 500 ml Wasser (sprudelig)

- 50 g Macadamia-Nüsse (gehackt)

- 50 g Rosinen

- 15 g glutenfreie Haferflocken

- 5 g geschrotete Leinsamen

<u>**Zubereitung:**</u>

Zuerst das Mehl und das Salz mit dem Backpulver in einer großen Schüssel vermischen. Dann die gehackten Macadamia-Nüsse, die Rosinen, die Haferflocken und die Leinsamen untermischen.

Anschließend unter ständigem Rühren nach und nach das sprudelige Wasser hinzugeben.

Zum Vermengen der Zutaten kann ein großer Löffel genutzt werden oder die Knethaken des Mixers.

Den Brotteig in eine passende Brotbackform oder eine Kastenbackform für Kuchen geben.

Den oberen Teil des Brotteiges mit etwas Wasser einpinseln. Dadurch entsteht oben eine schöne braune Kruste.

Das Brot am besten im vorgeheizten Backofen auf der mittleren Schiene bei ca. 170

Grad Umluft oder bei 190 Grad Ober- und Unterhitze backen.

Die Backzeit beträgt ca. 60-70 Minuten. Nach etwa 20 Minuten den Backofen kurz öffnen und mit einem Messer der Länge nach oben in der Mitte den Teig etwa 1-1,5 Zentimeter tief einschneiden. Zum Schluss der Backzeit Stäbchenprobe machen.

Das fertige Brot etwa 15 Minuten in der Backform auf einem Küchenrost abkühlen lassen und erst dann aus der Form nehmen. Das Brot gut auskühlen lassen und dann genießen.
Im Kühlschrank hält sich das Brot etwa 3 Tage.

Guten Appetit!

Rezept für leckere weihnachtliche Müslibrötchen

Sie suchen nach etwas Abwechslung beim Frühstück.

Dann probieren Sie dieses super einfache und schnell zubereitete Brötchenrezept.

Dieses Rezept ist

- histaminarm
- fructosearm
- laktosefrei
- vegetarisch
- vegan
- glutenfrei

Aus dem Teig lassen sich ungefähr sechs große Brötchen oder zwölf kleine Brötchen backen.

Zutaten:

- 250 g glutenfreie Haferflockenmüslimischung (ich habe eine Mischung aus glutenfreien Haferflocken, Kürbiskernen, geschroteten Leinsamen, Chiasamen und gemahlenen Flohsamenschalen verwendet. Es kann aber auch jede andere Müslimischung verwendet werden oder Sie stellen sich die Müslimischung aus den einzelnen Zutaten selbst zusammen)

- 130 ml Wasser (Classic)

- 8 g Weinsteinbackpulver

- 250 g laktosefreier Sky oder bei veganer Variante eine vegane Skyr-Alternative

- 1,5 Gramm Meersalz (nur wenn kein Salz in der Müslimischung ist, sondern Salz rausnehmen oder reduzieren)
- 1,5 Gramm Cylon-Zimt oder und etwas Kardamom

<u>Zubereitung:</u>

Zuerst die glutenfreie Haferflockenmüslimischung, das Salz, den Zimt und das Backpulver in einer großen Schüssel vermischen.

Dann den laktosefreien/ veganen Skyr und das Sprudelwasser hinzugeben.

Zum Vermengen der Zutaten kann ein großer Löffel genutzt werden oder die Knethaken des Mixers.

Den Brötchenteig mit der Hand zu Brötchen formen und auf ein mit Backpapier belegtes Backblech geben oder den Teig in eine passende Brötchenbackform, Backform für kleine Kuchen oder Muffins geben.

Die Brötchen am besten im vorgeheizten Backofen auf der mittleren Schiene bei ca. 170 Grad Umluft oder bei 190 Grad Ober- und Unterhitze backen.

Die Backzeit beträgt ca. 20-30Minuten, je nach Größe der Brötchen. Zum Schluss Stäbchenprobe machen.

Wenn die Brötchen fertig sind, 5-10 Minuten abkühlen lassen und dann genießen. Im Kühlschrank halten sich die Brötchen etwa 3-4 Tage. Die Brötchen können aber auch gut eingefroren und dann wieder auf getoastet werden.

Guten Appetit!

Rezept für weihnachtliche Quark-Brötchen mit Rosinen oder Äpfeln

Aus dem Teig lassen sich ungefähr acht große Brötchen oder zwölf kleine Brötchen backen.

Dieses Rezept ist

- histaminarm
- fructosearm, wenn auf die Rosinen und die Äpfel verzichtet wird
- laktosefrei
- vegetarisch
- vegan (wenn ausschließlich vegane Zutaten verwendet werden)
- glutenfrei möglich, dann bitte ausschließlich glutenfreies Mehl verwenden

<u>**Zutaten:**</u>

- 100 g Dinkelmehl -Typ 630-

- 180 g glutenfreie Mehlmischung

- 90 ml vegane Milchalternative, zum Beispiel aus Basis von Hafer oder laktosefreie Milch

- 60 ml Rapsöl

- 15 g Weinsteinbackpulver

- 250 g vegane Quark-Alternative oder laktosefreier Quark

- 1,5 g Meersalz

- wer will, kann etwa 25 g Rosinen oder kleine Apfelstückchen mit zu dem Teig hinzufügen, dann werden die Brötchen süßer

Zubereitung:

Zuerst das Mehl und das Meersalz mit dem Backpulver in einer großen Schüssel vermischen. Dann den laktosefreien oder veganen Quark und die vegane oder laktosefreie Milch hinzugeben. Alles nochmal umrühren. Anschließend Stück für Stück das Rapsöl zu dem Teig hinzugeben und immer wieder verrühren.

Zum Verrühren der Zutaten kann ein großer Löffel genutzt werden oder die Knethaken des Mixers.

Zum Schluss noch die Rosinen oder die Apfelstückchen zu dem Teig hinzufügen.

Den Brötchenteig mit der Hand zu Brötchen formen und auf ein mit Backpapier belegtes Backblech geben oder den Teig in eine passende Brötchenbackform, Backform für kleine Kuchen oder Muffins geben.

Die Brötchen oben mit etwas Milch oder Wasser einpinseln, damit diese schön braun werden.

Die Brötchen am besten im vorgeheizten Backofen auf der mittleren Schiene bei ca. 160 Grad Umluft oder bei 180 Grad Ober- und Unterhitze backen.

Die Backzeit beträgt je nach Größe der Brötchen etwa 20-30 Minuten. Zum Schluss Stäbchenprobe machen.

Wenn die Brötchen fertig sind, diese etwas abkühlen lassen und dann schon warm genießen oder auskühlen lassen und dann genießen. Im Kühlschrank halten sich die Brötchen etwa 3 Tage.

Guten Appetit!

Grundrezept für vegane Mürbeteigkekse

Dieses Rezept ist für ein großes Backblech geeignet.

Das Rezept ist

- histaminarm
- laktosefrei
- fructosearm, wenn Traubenzucker oder Reissüße verwendet wird
- vegetarisch
- vegan
- auch glutenfrei möglich, dann bitte eine glutenfreie Mehlmischung verwenden

<u>**Zutaten:**</u>

- 300 g Dinkelmehl- Typ 630 oder eine glutenfreie Mehlmischung

- 70 g Rohr(-rohr-)zucker oder Kokosblütenzucker

- 190 g vegane Margarine (aus Rapsöl) oder vegane Butter

- 1 Prise Meersalz

- Optional: 1/2 TL gemahlene Vanille oder ½ TL Ceylon-Zimt

- etwas Wasser (ca. 10-15 ml)

<u>Zubereitung:</u>

Alle Zutaten in eine große Schüssel geben. Den Teig mit den Knethaken des Mixers etwa 2-3 Minuten gut durchkneten, bis ein homogener Teig entsteht.

Den Teig zu einer Kugel formen. In Frischhaltefolie wickeln und mindestens 30 Minuten im Kühlschrank ruhen lassen.

Den Backofen auf 160 Grad Umluft oder 180 Grad Ober- und Unterhitze vorheizen.

Ein Backblech mit Backpapier auslegen.

Den Teig ausrollen und mit beliebigen Ausstechformen ausstechen oder aus dem Teig kleine Kugeln formen. Diese gleichmäßig auf dem Backblech verteilen und anschließend mit einer Kuchengabel flach drücken.

Die Backzeit beträgt ca. 12-15 Minuten für die Kekse.

Beim Backen den Backofen im Auge behalten und die Kekse herausnehmen, wenn Sie leicht gebräunt sind.

Die fertigen Kekse auf einem Küchenrost auskühlen lassen und dann genießen.

Die Kekse halten sich gut verschlossen in einer Dose für ca. 2 Wochen.

Guten Appetit!

Grundrezept für vegane und glutenfreie Lebkuchen-Plätzchen

Dieses Rezept ist für ein großes Backblech geeignet.

Dieses Rezept ist

- histaminarm
- laktosefrei
- fructosearm, wenn Traubenzucker oder Reissüße verwendet wird
- glutenfrei
- vegetarisch
- vegan

Zutaten:

- 280 g glutenfreie Mehlmischung
- 45 g Rohr(-rohr-)zucker
- 125 g vegane Margarine (aus Rapsöl)
- 1 Prise Meersalz
- 62 ml Wasser
- 1/2 Teelöffel Lebkuchengewürz

Zubereitung:

Alle Zutaten in eine große Schüssel geben. Den Teig mit den Knethaken des Mixers etwa 2-3 Minuten gut durchkneten, bis ein homogener Teig entsteht.

Den Teig zu einer Kugel formen. In Frischhaltefolie wickeln und mindestens 30 Minuten im Kühlschrank ruhen lassen.

Den Backofen auf 175 Grad Umluft oder 195 Grad Ober- und Unterhitze vorheizen.

Ein Backblech mit Backpapier auslegen.

Den Teig ausrollen und mit beliebigen Ausstechformen ausstechen oder aus dem Teig kleine Kugeln formen. Diese gleichmäßig auf dem Backblech verteilen und anschließend mit einer Kuchengabel flach drücken.

Die Backzeit beträgt ca. 15-20 Minuten für die Kekse.

Beim Backen den Backofen im Auge behalten und die Kekse herausnehmen, wenn Sie leicht gebräunt sind.

Die fertigen Kekse auf einem Küchenrost auskühlen lassen und dann genießen.

Die Kekse halten sich gut verschlossen in einer Dose für ca. 2-3 Wochen.

Guten Appetit!

Teigrezept für weihnachtliche glutenfreie Ausstechplätzchen mit Buttermilch, statt der Butter oder der Margarine

Dieses Rezept ist für ein großes Backblech geeignet.

Dieses Rezept ist

- histaminarm, wenn statt der Eier Apfelmark verwendet wird
- laktosefrei
- fructosearm, wenn Traubenzucker genommen wird
- glutenfrei
- vegetarisch
- vegan, wenn die Eier und die Buttermilch ersetzt werden

Zutaten:

- 270 g glutenfreie Mehlmischung

- 70 g Rohr(-rohr-)zucker oder Kokosblütenzucker

- 7 g Weinsteinbackbulver

- 1 Prise Meersalz

- 1/2 TL gemahlene Vanille oder ½ TL
Ceylon-Zimt

- 1 Ei (Größe M) oder Ei-Ersatz

- 100 ml laktosefreie oder vegane Buttermilch

<u>**Zubereitung:**</u>

Alle Zutaten in eine große Schüssel geben. Den Teig mit den Knethaken des Mixers etwa 2-3 Minuten gut durchkneten, bis der Teig reißt.

Den Backofen auf 170 Grad Umluft oder 190 Grad Ober- und Unterhitze vorheizen.

Ein Backblech mit Backpapier auslegen.

Den Teig aus der Schüssel nehmen und einmal durchkneten, Dann den Teig auf einer bemehlten Arbeitsfläche ausrollen und mit den Händen den Teig nochmal gut nachkneten.

Mit beliebigen Ausstechförmchen dann den Teig ausstechen oder aus dem Teig kleine Kugeln formen. Diese gleichmäßig auf dem Backblech verteilen und anschließend mit einer Kuchengabel flach drücken.

Die Backzeit beträgt ca. 12-15 Minuten für die Kekse.

Beim Backen den Backofen im Auge behalten und die Kekse herausnehmen, wenn Sie leicht gebräunt sind.

Die fertigen Kekse auf einem Küchenrost auskühlen lassen und dann genießen.

Die Kekse halten sich gut verschlossen in einer Dose für ca. 2 Wochen.

Guten Appetit!

Rezept für glutenfreie Haferkekse mit Zimt

Dieses Rezept ist für ein großes Backblech geeignet.

Dieses Rezept ist

- histaminarm
- laktosefrei
- fructosearm
- glutenfrei
- vegetarisch
- vegan

<u>**Zutaten:**</u>

- 190 g glutenfreie Mehlmischung

- 100 g glutenfreie Haferflocken
- etwa 10 g Leinsamen, Chiasamen oder Flohsamenschalen

- 15 g Rohr(-rohr)-zucker

- 140 g vegane Margarine (aus Rapsöl) oder vegane Butter

- 1 g Meersalz

- 1/2 TL Ceylon-Zimt

- 2 EL Wasser

<u>**Zubereitung:**</u>

Alle Zutaten in eine große Schüssel geben. Den Teig mit den Knethaken des Mixers etwa 2-3 Minuten gut durchkneten, bis ein homogener Teig entsteht.

Den Teig zu einer Kugel formen. In Frischhaltefolie wickeln und 30 Minuten im Kühlschrank ruhen lassen.

Den Backofen auf 160 Grad Umluft oder 180 Grad Ober- und Unterhitze vorheizen.

Ein Backblech mit Backpapier auslegen.

Aus dem Teig kleine Kugeln formen. Diese gleichmäßig auf dem Backblech verteilen und anschließend mit einer Kuchengabel flach drücken.

Die Backzeit beträgt ca. 15 Minuten für die Kekse.

Beim Backen den Backofen im Auge behalten und die Kekse herausnehmen, wenn Sie leicht gebräunt sind.

Die fertigen Kekse auf einem Küchenrost auskühlen lassen und dann genießen.

Die Kekse halten sich gut verschlossen in einer Dose für ca. 2 Wochen.

Guten Appetit!

Rezept für Kokos-Zimt-Würfel

Dieses Rezept ist für ein großes Backblech geeignet.

Das Rezept ist:

- histaminarm
- laktosefrei
- fructosearm
- glutenfrei
- vegetarisch
- vegan

<u>**Zutaten:**</u>

- 220 g Kokosmehl

- 90 g Kokosöl
- 85 ml Reissirup

- 1 Prise Meersalz

- ½ TL Ceylon-Zimt

- Evtl. etwas Wasser

Zubereitung:

Alle Zutaten in eine große Rührschüssel geben.

Den Teig mit den Knethaken des Mixers etwa 2-3 Minuten gut durchkneten, bis ein homogener Teig entsteht. Sollte sich der Teig nicht so richtig binden wollen, dann noch etwas Wasser hinzugeben.

Dann mit den Händen den Teig nochmal nach kneten.

Den Backofen auf 160 Grad Umluft oder 180 Grad Ober- und Unterhitze vorheizen.

Ein Backblech mit Backpapier auslegen.

Aus dem Teig kleine runde Bällchen oder eckige Würfel formen und diese gleichmäßig auf dem Backblech verteilen.

Die Backzeit beträgt ca. 15 -18 Minuten für die Bällchen oder Würfel.

Beim Backen den Backofen im Auge behalten und die Bällchen oder Würfel herausnehmen, wenn Sie leicht gebräunt sind.

Die fertigen Bällchen oder Würfel auf einem Küchenrost auskühlen lassen und dann genießen.

Die Bällchen oder Würfel halten sich gut verschlossen in einer Dose für ca. 2 Wochen.

Guten Appetit!

Rezept für Zimt-Mandel-Kekse

Dieses Rezept ist für ein großes Backblech geeignet.

Dieses Rezept ist

- histaminarm (wenn das Ei durch 60 g Apfelmark ersetzt wird); Vorsicht bei den Mandeln SGHI Stufe 1!
- laktosefrei
- fructosearm (wenn statt des Zuckers Traubenzucker verwendet wird)
- glutenfrei möglich, wenn eine glutenfreie Mehlmischung benutzt, wird
- vegetarisch
- vegan (wenn das Ei durch Apfelmark ersetzt wird)

<u>Zutaten:</u>

- 260 g Dinkelmehl

- 40 g gemahlene Mandeln

- 140 g vegane Butter oder vegane Margarine

- 80 g Rohr-(rohr-)zucker

- 1 Ei oder Ei-Ersatz

- 3 g Weinsteinbackpulver

- 1 Prise Meersalz

- ½ TL Ceylon-Zimt oder gemahlene Vanille

- ca. 30 g geschälte Mandeln

- Evtl. etwas Wasser

<u>**Zubereitung:**</u>

Die vegane Butter mit dem Zucker und dem Ceylon-Zimt (oder der gemahlenen Vanille) in eine große Rührschüssel geben und mit einem Schneebesen oder den Quirlbesen des Handmixers gründlich verrühren.

Dann das Ei unterrühren und dann ca. 1 Minute weiter verrühren.

In einer zweiten Rührschüssel das Mehl mit dem Weinsteinbackpulver mischen und dann die gemahlenen Mandeln mit in den Teig rühren. Zum Verrühren eignet sich ein großer Löffel.

Das Mehlgemisch jetzt zu den anderen Zutaten hinzugeben und alles mit den Knethaken des Mixers etwa 2-3 Minuten gut durchkneten, bis ein homogener Teig entsteht. Sollte sich der Teig nicht so richtig binden wollen, dann noch etwas Wasser hinzugeben.

Den Backofen auf 160 Grad Umluft oder 180 Grad Ober- und Unterhitze vorheizen.

Ein Backblech mit Backpapier auslegen.

Mit leicht feuchten Händen den Teig nochmal nach kneten. Dann aus dem Teig kleine (etwa walnussgroße) runde Bällchen formen und diese gleichmäßig auf dem Backblech verteilen. In der Mitte jedes Bällchens eine Mandel leicht eindrücken.

Die Backzeit beträgt ca. 10-15 Minuten für die Bällchen.

Beim Backen den Backofen im Auge behalten und die Bällchen oder Würfel herausnehmen, wenn Sie leicht gebräunt sind.

Die fertigen Bällchen auf einem Küchenrost auskühlen lassen und dann genießen.

Die Bällchen halten sich gut verschlossen in einer Dose für ca. 2 Wochen.

Guten Appetit!

Rezept für Spekulatius-Kekse

Dieses Rezept ist für ein großes Backblech geeignet.

Dieses Rezept ist

- histaminarm; Vorsicht bei den Mandeln SGHI Stufe 1!
- laktosefrei
- fructosearm (wenn der Kokosblütenzucker durch Traubenzucker ersetzt wird)
- vegetarisch
- vegan (wenn vegane Butter oder vegane Margarine genommen wird)
- auch glutenfrei möglich, dann bitte eine glutenfreie Mehlmischung verwenden

<u>**Zutaten:**</u>

- 220 g Dinkelmehl oder eine glutenfreie Mehlmischung

- 60 g Mandelmehl

- 80 g Kokosblütenzucker oder Rohr-(rohr-)zucker

- 1 Prise Meersalz

- 1 Prise Ceylon-Zimt

- 1 Prise Kardamom

- Ggf. 1 Prise Nelken

- 170 g laktosefreie Butter, vegane Butter oder vegane Margarine (aus Rapsöl)

- Evtl. etwas Wasser

<u>Zubereitung:</u>

Alle Zutaten in eine große Rührschüssel geben.

Den Teig mit den Knethaken des Mixers etwa 2-3 Minuten gut durchkneten, bis ein homogener Teig entsteht. Sollte sich der Teig nicht so richtig binden wollen, dann noch etwas Wasser hinzugeben.

Dann mit den Händen den Teig nochmal nachkneten. Anschließend den Teig zu einer Kugel formen, in Frischhaltefolie wickeln und für mindestens 1 Stunde im Kühlschrank ruhen lassen

Den Backofen auf 170 Grad Umluft oder 190 Grad Ober- und Unterhitze vorheizen.

Ein Backblech mit Backpapier auslegen.

Den Teig auf einer bemehlten Arbeitsfläche ca. 4-5 cm dünn ausrollen. Mit Weihnachtsförmchen ausstechen oder runde/eckige Würfel formen und diese gleichmäßig auf dem Backblech verteilen. Es kann auch eine weihnachtliche Silikonform verwendet werden.

Die Backzeit beträgt ca. 12-15 Minuten für die Kekse.

Beim Backen den Backofen im Auge behalten und die Kekse herausnehmen, wenn Sie leicht gebräunt sind.

Die fertigen Kekse auf einem Küchenrost auskühlen lassen und dann genießen.

Die Kekse halten sich gut verschlossen in einer Dose für ca. 2 Wochen frisch.

Guten Appetit!

Rezept für Vanillekipferl

Dieses Rezept ist für ein großes Backblech geeignet.

Dieses Rezept ist

- histaminarm; Vorsicht bei den Mandeln SGHI Stufe 1
- fructosearm
- laktosefrei
- vegetarisch
- vegan
- auch glutenfrei möglich, dann bitte eine glutenfreie Mehlmischung verwenden

<u>**Zutaten:**</u>

- 210 g Dinkelmehl oder eine glutenfreie Mehlmischung

- 45 g gemahlene Mandeln

- 95 ml Reissirup

- 125 g Kokosöl

- 1 Prise Meersalz

- 1 TL gemahlene Vanille

- Evtl. etwas Wasser

Alle Zutaten in eine große Rührschüssel geben.

Den Teig mit den Knethaken des Mixers etwa 2-3 Minuten gut durchkneten, bis ein homogener Teig entsteht. Sollte sich der Teig nicht so richtig binden wollen, dann noch etwas Wasser hinzugeben.

Dann mit den Händen den Teig nochmal nach kneten. Anschließend den Teig zu einer Rolle formen (ca. 4 cm Durchmesser), in Frischhaltefolie wickeln und für mindestens 1 ½ Stunden im Kühlschrank ruhen lassen

Den Backofen auf 160 Grad Umluft oder 180 Grad Ober- und Unterhitze vorheizen.

Ein Backblech mit Backpapier auslegen.

Von der Rolle ca. 1 cm breite Scheiben abschneiden. Mit bemehlten Händen kleine Hörnchen/Kipferl formen und diese gleichmäßig auf dem Backblech verteilen. Es kann auch eine Silikonform für Kipferl verwendet werden.

Die Backzeit beträgt ca. 12-15 Minuten für die Kekse.

Beim Backen den Backofen im Auge behalten und die Kekse herausnehmen, wenn Sie leicht gebräunt sind.

Die fertigen Kekse auf einem Küchenrost auskühlen lassen und dann genießen.

Die Kekse halten sich gut verschlossen in einer Dose für ca. 2 Wochen frisch.

Guten Appetit!

Rezept für leckere weihnachtliche Hafermehlkekse

Dieses Rezept ist für ein großes Backblech geeignet.

Dieses Rezept ist

- histaminarm
- laktosefrei
- glutenfrei
- vegan

<u>Zutaten:</u>

- 200 g glutenfreies Hafermehl

- 20-30 g Rohr(-rohr)-zucker oder Kokosblütenzucker

- 85 g Margarine (aus Rapsöl) oder vegane Butter

- 1,5 g Meersalz

- 1/2 TL Ceylon-Zimt oder gemahlene Vanille

- 2 EL Wasser

- wer gerne eine Kokos mag, der kann noch 30 g Kokosraspeln hinzufügen

Zubereitung:

Alle Zutaten in eine große Schüssel geben. Den Teig mit den Knethaken des Mixers etwa 2-3 Minuten gut durchkneten, bis ein homogener Teig entsteht.

Den Teig zu einer Kugel formen. In Frischhaltefolie wickeln und 30 Minuten im Kühlschrank ruhen lassen.

Den Backofen auf 160 Grad Umluft oder 180 Grad Ober- und Unterhitze vorheizen.

Ein Backblech mit Backpapier auslegen.

Aus dem Teig kleine Kugeln formen. Diese gleichmäßig auf dem Backblech verteilen und anschließend mit einer Kuchengabel flach drücken.

Die Backzeit beträgt ca. 20 Minuten für die Kekse.

Beim Backen den Backofen im Auge behalten und die Kekse herausnehmen, wenn Sie leicht gebräunt sind.

Die fertigen Kekse auf einem Küchenrost auskühlen lassen und dann genießen.

Die Kekse halten sich gut verschlossen in einer Dose für ca. 2 Wochen.

Guten Appetit!

Rezept für leckere weihnachtliche Müslikekse

Dieses Rezept ist für ein großes Backblech geeignet.

Dieses Rezept ist

- histaminarm (wenn das Ei durch Apfelmark ersetzt wird)
- fructosearm (wenn der Zucker durch Traubenzucker ersetzt wird und die Datteln weggelassen werden)
- laktosefrei
- auch glutenfrei möglich
- vegetarisch
- auch vegan möglich

<u>**Zutaten:**</u>

- 140 g Dinkelmehl oder glutenfreie Mehlmischung

- 100 g (glutenfreie) Haferflocken

- 10 g Rohr(-rohr-)zucker

- 5 g Weinsteinbackpulver

- 100 g Margarine (aus Rapsöl), oder vegane Butter

- 1 Ei oder 60-80 g Apfelmark

- 1/2 TL Meersalz

- 1 TL Ceylon Zimt

- 10 g Leinsamen

- 10 g gehackte Kürbiskerne

- 10 g getrocknete Datteln

- evtl. etwas Sesam oder Flohsamenschalen

- 3-4 Esslöffel Wasser

Zubereitung:

Alle Zutaten in eine große Schüssel geben. Den Teig mit den Knethaken des Mixers etwa 2-3 Minuten gut durchkneten, bis ein homogener Teig entsteht.

Den Backofen auf 160 Grad Umluft oder 180 Grad Ober- und Unterhitze vorheizen.

Ein Backblech mit Backpapier auslegen.

Aus dem Teig kleine Kugeln formen. Diese gleichmäßig auf dem Backblech verteilen und anschließend mit einer Gabel etwas flach drücken.

Die Backzeit beträgt ca. 15-25 Minuten je nach Dicke der Kekse.

Beim Backen den Backofen im Auge behalten und die Kekse herausnehmen, wenn Sie leicht gebräunt sind.

Die fertigen Kekse auf einem Küchenrost auskühlen lassen und dann genießen.

Die Kekse halten sich gut verschlossen in einer Dose für ca. 1-2 Wochen.

Guten Appetit!

Rezept für Husarenplätzchen

Dieses Rezept ist für ein großes Backblech geeignet.

Dieses Rezept ist

- histaminarm (wenn das Ei durch 60 g Apfelmark ersetzt wird); Vorsicht bei den Mandeln SGHI Stufe 1
- laktosefrei
- fructosearm (wenn statt des Zuckers Traubenzucker verwendet wird)
- glutenfrei möglich, wenn eine glutenfreie Mehlmischung genommen wird
- vegetarisch
- vegan (wenn das Ei durch Apfelmark ersetzt wird)

<u>**Zutaten:**</u>

- 260 g Dinkelmehl

- 40 g gemahlene Mandeln

- 140 g vegane Butter oder vegane Margarine

- 80 g Rohr-(rohr-)zucker

- 1 Ei oder Ei-Ersatz

- 3 g Weinsteinbackpulver

- 1 Prise Meersalz

- ½ TL Ceylon-Zimt oder gemahlene Vanille

- ca. 30 g geschälte Mandeln

- Evtl. etwas Wasser

<u>**Zubereitung:**</u>

Die vegane Butter mit dem Zucker und dem Ceylon-Zimt (oder der gemahlenen Vanille) in eine große Rührschüssel geben und mit einem Schneebesen oder den Quirlbesen des Handmixers gründlich verrühren. Dann das Ei unterrühren und dann ca. 1 Minute weiter verrühren.

In einer zweiten Rührschüssel das Mehl mit dem Weinsteinbackpulver mischen und dann die gemahlenen Mandeln mit in den Teig rühren. Zum Verrühren eignet sich ein großer Löffel.

Das Mehlgemisch jetzt zu den anderen Zutaten hinzugeben und alles mit den Knethaken des Mixers etwa 2-3 Minuten gut durchkneten, bis ein homogener Teig entsteht. Sollte sich der Teig nicht so richtig binden wollen, dann noch etwas Wasser hinzugeben.

Den Backofen auf 160 Grad Umluft oder 180 Grad Ober- und Unterhitze vorheizen. Ein Backblech mit Backpapier auslegen.

Mit leicht feuchten Händen den Teig nochmal nachkneten.

Dann aus dem Teig kleine (etwa walnussgroße) runde Bällchen formen und diese gleichmäßig auf dem Backblech verteilen. In der Mitte jedes Bällchens eine Mandel leicht eindrücken.

Die Backzeit beträgt ca. 10-15 Minuten für die Bällchen.

Beim Backen den Backofen im Auge behalten und die Bällchen oder Würfel herausnehmen, wenn Sie leicht gebräunt sind.

Die fertigen Bällchen auf einem Küchenrost auskühlen lassen und dann genießen.

Die Bällchen halten sich gut verschlossen in einer Dose für ca. 2 Wochen. Guten Appetit!

Rezept für glutenfreie Nikolausplätzchen mit oder ohne Rosinen

Dieses Rezept ist für ein großes Backblech geeignet.

Dieses Rezept ist

- laktosefrei
- histaminarm, wenn statt des Ei Apfelmark genommen wird
- fructosearm möglich, wenn Traubenzucker oder Reissüße verwendet wird und die Rosinen weggelassen werden
- glutenfrei
- vegetarisch
- vegan, wenn Ei-Ersatz genommen wird

<u>**Zutaten:**</u>

- 200 g glutenfreie Mehlmischung

- 35 g Rohr(-rohr-)zucker

- 5 g Weinsteinbackpulver

- 125 g Margarine (aus Rapsöl), oder vegane Butter

- 1 Ei oder 60-80 g Apfelmark

- 1/2 TL Meersalz

- 1 Päckchen Bourbon-Vanillezucker

- 1/2 TL Ceylon-Zimt

- evtl. 40 g Rosinen

- 50 g glutenfreie Cornflakes

Alle Zutaten, bis auf die Cornflakes, in eine große Schüssel geben. Den Teig mit den Knethaken des Mixers etwa 2-3 Minuten gut durchkneten, bis ein homogener Teig entsteht.

Wer keine Rosinen mag oder eine fructosearme Variante nimmt, der lässt die Rosinen weg. Die Kekse schmecken auch ohne Rosinen sehr lecker.

Dann mit einem großen Löffel vorsichtig die Cornflakes unterheben. So zerbrechen die Cornflakes nicht.

Den Backofen auf 160 Grad Umluft oder 180 Grad Ober- und Unterhitze vorheizen.

Ein Backblech mit Backpapier auslegen.

Mit zwei Teelöffeln kleine Häufchen des Teiges auf das Backblech legen. Diese gleichmäßig auf dem Backblech verteilen und eventuell anschließend noch etwas flach drücken.

Die Backzeit beträgt ca. 15-20 Minuten je nach Dicke der Kekse.

Beim Backen den Backofen im Auge behalten und die Kekse herausnehmen, wenn Sie leicht gebräunt sind.

Die fertigen Kekse auf einem Küchenrost auskühlen lassen und dann genießen.

Die Kekse halten sich gut verschlossen in einer Dose für ca. 2 Wochen.

Guten Appetit!

Rezept für selbstgemachtes weihnachtliches Hafer-Crunchy-Müsli

Dieses Rezept ist für ein großes Backblech geeignet.

Dieses Rezept ist

- histaminarm; Vorsicht bei den Mandeln SGHI Stufe 1
- laktosefrei
- glutenfrei
- vegetarisch
- vegan

Zutaten:

- 475 g glutenfreie Haferflocken

- 70 g Kürbiskerne

- etwa 20 g Leinsamen, Chiasamen oder Flohsamenschalen

- evtl. 50 g Mandeln

- 80 g Rohr(-rohr-)zucker

- 60 g getrocknete Datteln

- 120 g Kokosöl

- 1 Prise Meersalz

- 1 TL Ceylon-Zimt

<u>Zubereitung:</u>

Zuerst die Datteln in kleine Stücke schneiden und die Mandeln und die Kürbiskerne in kleine Stücke hacken (oder bereits gehackte Mandeln und Kürbiskerne verwenden)

Dann die glutenfreien Haferflocken, die Kürbiskerne, Samen und die Mandeln in eine große Rührschüssel geben und gut vermischen. Dafür kann ein großer Löffel genommen werden.

In einer Pfanne das Kokosöl und den Zucker bei starker Hitze erhitzen und dabei ständig umrühren. Solange bis sich das Öl und der Zucker zu einer klaren Flüssigkeit verbunden haben.

Die Haferflockenmischung und die Datteln hinzugeben und solange unterrühren, bis alles miteinander verbunden ist und der Pfannenboden trocken ist.

Den Backofen auf 170 Grad Umluft oder 190 Grad Ober- und Unterhitze vorheizen. Das Backblech mit Backpapier auslegen.

Die warme Mischung gleichmäßig auf dem Backblech verteilen.

Die Backzeit beträgt ca. 20-30 Minuten. Während dieser Zeit die Mischung mehrfach mit einem Bratenwender wenden und die Mischung aus dem Backofen nehmen, wenn Sie von beiden Seiten leicht gebräunt ist.

Die fertige Mischung aus dem Backofen nehmen und auf einem kalten Backblech oder einem Tablett verteilen und dort gut auskühlen lassen.

Das Crunchy hält sich gut verschlossen in einem geeigneten Gefäß für ca. 4-5 Wochen.

In einem großen Glas weihnachtlich verpackt eignet sich das Crunchy auch super als Weihnachtsgeschenk!

Guten Appetit!

Rezept für selbstgemachte weihnachtliche Müsliriegel

Dieses Rezept ist für eine rechteckige Auflaufform (ca. 20 x 30 cm) oder für Müsliriegelformen geeignet.

Dieses Rezept ist

- histaminarm
- laktosefrei
- glutenfrei

<u>Zutaten:</u>

- 150 g glutenfreie Haferflocken

- 45 g Kürbiskerne

- etwa 10 g Leinsamen, Chiasamen oder Flohsamenschalen

- 80 g Rohr(-rohr-)zucker

- 100 g laktosefreie oder vegane Butter oder Margarine (aus Rapsöl)

- 60 g getrocknete Datteln

- 15 g Honig

- 1 Prise Meersalz

- 1/2 TL Ceylon-Zimt

<u>Zubereitung:</u>

Zuerst die Datteln in kleine Stücke schneiden.

Dann die Butter, den Zucker und den Honig in einem mittelgroßen Topf bei schwacher Hitze erhitzen, bis sich der Zucker vollständig aufgelöst hat. Dabei ständig umrühren.

Anschließend die glutenfreien Haferflocken und die Kürbiskerne hinzugeben und unterrühren. Zum Schluss noch die Dattelstückchen unterrühren.

Den Backofen auf 180 Grad Umluft oder 200 Grad Ober- und Unterhitze vorheizen.

Die Auflaufform mit Backpapier auslegen oder die Müsliriegelform einfetten.

Die warme Mischung in die Auflaufform oder der Müsliriegelform geben und gleichmäßig verteilen. Mit einem Teigschaber die Mischung fest andrücken.

Die Backzeit beträgt ca. 15-20 Minuten für die Müsliriegel.

Beim Backen den Backofen im Auge behalten und die Müsliriegel herausnehmen, wenn Sie leicht gebräunt sind.

Die fertige Mischung ca. 15-20 Minuten in der Form abkühlen lassen, dann mit einem scharfen Messer in ca. 20 Müsliregel schneiden oder die Müsliriegel aus der Müsliriegelform lösen und auf einem Küchenrost auskühlen lassen und dann genießen.

Die Müsliriegel halten sich gut verschlossen in einer Dose für ca. 2-3 Wochen.

Guten Appetit!

Rezept für leckere Crêpes in der Weihnachtszeit

Egal ob zum Frühstück, als Mittagessen oder für eine Zwischenmahlzeit. Ein leckerer Crêpe schmeckt immer und ist schnell zubereitet. Egal ob herzhaft oder süß. Für jeden Geschmack wird was dabei sein.

Dieses Grundrezept ist

- histaminarm, wenn die Eier durch Ei-Ersatz oder 8 Wachteleier ersetzt werden
- fructosearm
- vegan, wenn die Eier ersetzt werden
- laktosefrei
- glutenfrei möglich (dann bitte eine glutenfreie Mehlmischung verwenden)

Aus dem Teig lassen sich ungefähr neun Crêpes backen.

<u>**Zutaten:**</u>

- 150 g Dinkelmehl – Typ 630 oder eine glutenfreie Mehlmischung

- 30 ml Wasser (sprudelig)

- 25 g vegane Butter oder Margarine

- 2 Eier oder Ei-Ersatz

- 1 Packung Weinsteinbackpulver

- 120 g weiche vegane Margarine aus Rapsöl oder vegane Butter

- 2 Prisen Meersalz

- 1 Prise gemahlene Bourbon-Vanille

- 5 g Reissüße

- 375 ml Haferdrink (oder Mandeldrink)

<u>**Zubereitung:**</u>

Zuerst das Mehl mit der veganen Milch verrühren.

Dann nacheinander Eier, das Weinstein-backpulver, die gemahlene Bourbon-Vanille, die Reissüße und das Meersalz hinzugeben und dabei immer wieder umrühren.

Den Teig richtig cremig und glatt rühren und dann die Maße mindestens 20 Minuten abgedeckt quellen lassen.

Dann das sprudelige Wasser langsam mit in den Teig einrühren.

In einer Pfanne etwas vegane Butter oder vegane Margarine schmelzen und dann den ersten Crêpe, solange backen bis dieser von beiden Seiten goldbraun ist.

Für jeden neuen Crêpe wieder etwas Butter in der Pfanne schmelzen und dann den nächsten Crêpe backen.

Die Crêpes dann direkt warm genießen oder auf einem Kuchenrost erkalten lassen und dann servieren.

Die Crêpes können beliebig befüllt oder bestrichen werden. Von herzhaft bis süß ist alles möglich.

Guten Appetit!

Rezept für leckere vegane Waffeln in der Weihnachtszeit

Aus dem Teig lassen sich ungefähr acht Waffeln backen.

Dieses Rezept ist

- histaminarm
- fructosearm
- vegan
- laktosefrei
- glutenfrei möglich (dann bitte eine glutenfreie Mehlmischung verwenden)

<u>**Zutaten:**</u>

- 270 g Dinkelmehl – Typ 630 oder eine glutenfreie Mehlmischung
- 10 ml Wasser

- 10 g Weinsteinbackpulver

- 120 g weiche vegane Margarine aus Rapsöl oder vegane Butter

- 1 Prise Meersalz

- 2 g gemahlene Bourbon-Vanille

- 40 g Reissüße

- 310 ml Haferdrink (oder Mandeldrink)

<u>**Zubereitung:**</u>

Das Waffeleisen aufstellen und auf der höchsten Stufe vorheizen.

Dann den Waffelteig zubereiten:

Die weiche vegane Margarine oder die weiche vegane Butter in eine große Schüssel geben und mit einem Schneebesen geschmeidig rühren.

Die gemahlene Vanille und das Meersalz hinzugeben. Wieder umrühren.

Dann nach und nach unter Rühren die Reissüße hinzugeben, bis die Masse richtig gebunden ist.

In einer extra Schüssel das Mehl mit dem Weinsteinbackpulver mischen.

Dann einen Teil der Mehlmischung mit einem Teil des Haferdrinks zu der Masse dazugeben.

Kurz mit den Rührstäben des Mixers verrühren, dann einen weiteren Teil hinzugeben, wieder verrühren und so weiter, bis alles gut verbunden ist.

Das Waffeleisen einfetten. Ungefähr zwei Esslöffel oder eine Kelle in das Waffeleisen geben. Den Teig gleichmäßig verteilen und dann auf mittlerer Stufe backen.

Die Waffeln dann direkt warm genießen oder auf einem Kuchenrost erkalten lassen und dann servieren.

Dazu passt gut selbstgemachte Vanillesoße, rote Grütze, heiße Kirschen, frische Beeren, Eis, Sahne, Zimt, Zimt und Zucker, Puderzucker oder Marmelade (je nach Geschmack und Verträglichkeit).

Guten Appetit!

Rezept für einen weihnachtlichen Kastenkuchen mit Äpfeln

Super einfaches, schnelles und veganes Kuchen Rezept mit Zutaten, die jeder zu Hause hat.

Das Rezept reicht für eine Kastenkuchenform (Durchmesser 24-26 cm).

Dieses Rezept ist

- histaminarm
- laktosefrei
- vegan
- auch glutenfrei möglich, wenn ihr das Dinkelmehl durch eine geeignete glutenfreie Backmischung ersetzt

Zubereitungszeit: 15-20 Minuten

Backzeit: etwa 60 Minuten

<u>Zutaten für einen Kuchen:</u>

- 275 Gramm Dinkelmehl -Typ 630- oder eine glutenfreie Mehlmischung

- 115 Gramm Rohrzucker oder Rohr-rohrzucker

- 165 ml veganer Haferdrink (Barista-Version) oder eine andere vegane Milchalternative in der Barista-Version)

- 50 ml Rapsöl (für einen buttrigen Geschmack eignet sich Rapsöl mit Buttergeschmack)

- 12 g Weinsteinbackpulver

- 5 g Ceylon-Zimt

Backofen auf 170 Grad Umluft oder 190 Grad Ober- und Unterhitze vorheizen.

Kuchenform einfetten.

Alle Zutaten für den Teig (bis auf die Äpfel) in eine Rührschüssel geben und mit dem Handmixer etwa 3-4 Minuten verrühren (so lange bis der Teig geschmeidig ist).

Zwei Äpfel nehmen. Diese schälen und zu kleinen Würfeln schneiden. Diese dann am Schluss mit in den Teig geben.

Den Teig in die Kuchenform füllen.

Im vorgeheizten Backofen etwa 60 Minuten backen. Stäbchenprobe machen.

Kuchen auf einem Küchenrost abkühlen lassen und eventuell noch mit Puderzucker bestreuen.

Guten Appetit!

Rezept für ein weihnachtliches Apfel-Crumble:

Genau das Richtige für die Advents- und Weihnachtszeit.

20 Minuten Zubereitungszeit und 30 Minuten Backzeit.

Das Rezept reicht für eine Auflaufform oder ein halbes hohes Backblech.

Dieses Rezept ist

- histaminarm
- laktosefrei
- glutenfrei
- vegetarisch
- vegan, wenn eine vegane Butter-Alternative genommen wird

<u>**Zutaten:**</u>

- 20 g Rohr-(rohr-)zucker

- 35 g laktosefreie oder vegane Butter

- 55 g glutenfreie Mehlmischung

- 12 g glutenfreie zarte Haferflocken

- 200 g Äpfel (frisch oder tiefgekühlt)

<u>**Zubereitung:**</u>

Zuerst wascht Ihr die frischen Äpfel ab und schneidet sie in kleine Apfelwürfel-Stückchen.

Diese verteilt Ihr in der Auflaufform.

Wenn Ihr TK-Äpfel verwendet, dann legt Ihr die Stücke ohne Auftauen in die Auflaufform.

Die laktosefreie oder vegane Butter schmelzt Ihr in einem kleinen Topf auf eurem Herd.

Dann nehmt Ihr die zerlassene Butter mit dem Topf vom Herd und streit den Zucker, das Mehl und die glutenfreien Haferflocken in den Topf ein. Mit einer Gabel rührt Ihr dann alles um. So entstehen die Streusel.

Den Backofen heizt Ihr auf 160 Grad Celsius Umluft oder 180 Grad Celsius Ober- und Unterhitze vor.

Jetzt verteilt Ihr die Streusel gleichmäßig auf den Apfelstückchen.

Die Masse schiebt Ihr dann mit der Auflaufform in den Backofen (mittlere Schiene).

Die Backdauer beträgt ungefähr 25-30 Minuten.

Ihr nehmt das Apfel-Crumble aus dem Backofen, wenn es goldbraun geworden ist.

Jetzt lasst Ihr das Ganze in der Form auf einem Küchenrost etwas abkühlen.

Dann könnt Ihr das Crumble direkt warm oder später auch kalt in passenden Schälchen servieren. Besonders lecker ist das Crumble, wenn Ihr es noch mit Zimt, Zimt und Zucker oder Puderzucker bestreut.

Guten Appetit!

Rezept für ein weihnachtliches Stollen Konfekt

Das Rezept ergibt etwa 30 Stollen-Konfekte.

Das Rezept ist

- histaminarm
- laktosefrei
- glutenfrei (wenn ausschließlich glutenfreies Mehl verwendet wird)
- vegetarisch
- vegan (wenn ausschließlich vegane Zutaten genommen werden)

Zutaten:

- 300 g Dinkelmehl oder eine glutenfreie Mehlmischung

- 150 g laktosefreier Quark oder vegane Quark-Alternative

- 10 g Weinsteinbackpulver

- 1 Prise Meersalz

- 75 g laktosefreie Butter oder eine vegane Butter-Alternative

- 80 g Rohr-(rohr-)zucker

- 80 g getrocknete Cranberrys, Aprikosen oder andere verträgliche ungeschwefelte Trockenfrüchte

Zubereitung:

Zuerst die Butter mit dem Zucker etwa 2 Minuten in einer Schüssel schaumig rühren.

Dann den Quark dazugeben und alles gut vermischen.

In einer zweiten Schüssel das Mehl mit dem Backpulver und dem Meersalz mit einem großen Löffel gut vermischen.

Das Mehlgemisch dann zu der Butter-Zucker-Quark-Masse dazugeben und alles zu einem glatten Teig verarbeiten.

Anschließend schneidet Ihr die Trockenfrüchte klein und hebt diese unter den Teig. Jetzt die Masse nochmal gut durchkneten.

Aus dem Teig formt Ihr jetzt eine dicke Rolle. Von der Rolle schneidet Ihr etwa einen Centimeter dicke Scheiben ab.

Den Backofen auf 180 Grad Umluft oder 200 Grad Ober- und Unterhitze vorheizen.

Ein Backblech mit Backpapier auslegen und die einzelnen Scheiben gleichmäßig auf dem Backblech verteilen.

Die Konfekt-Stückchen werden ca. 12-15 Minuten im Backofen gebacken.

Stäbchenprobe machen. Wenn kein Teig mehr kleben bleibt, dann sind die Konfekt-Stückchen fertig.

Die Konfekt-Stückchen auf einem Küchenrost abkühlen lassen und dann genießen.

Guten Appetit!

Rezept für weihnachtliche Apfel-Quarkbällchen

Dieses Rezept ist für etwa 15-18 Quarkbällchen.

Dieses Rezept ist

- histaminarm
- laktosefrei
- vegan (wenn eine vegane Quark-Alternative genommen wird)
- glutenfrei (wenn ausschließlich glutenfreies Mehl verwendet wird)

<u>**Zutaten:**</u>

- 150 g Dinkelmehl

- 150 g glutenfreie Mehlmischung

- 200 g laktosefreier Quark oder eine vegane Quark-Alternative

- 10 g Weinsteinbackpulver

- 1 Prise Meersalz

- 1 TL Ceylon-Zimt

- 80 g Rohr-(rohr-)zucker

- 100 ml Rapsöl

- 3 mittelgroße Äpfel

<u>**Zubereitung:**</u>

Zuerst die Äpfel schälen, entkernen und in grobe Würfel schneiden.

Dann den Quark, das Rapsöl, den Zucker und den Zimt in einer großen Schüssel mit den Rührbesen des Handmixers verrühren, bis eine gleichmäßige Masse entstanden ist.

In einer zweiten Schüssel das Mehl mit dem Backpulver mit einem großen Löffel vermischen.

Dann das Mehl- u. Backpulvergemisch zu den restlichen Zutaten hinzugeben und alles miteinander vermengen.

Am Schluss die Apfelwürfel unterheben und den Teig dann mit den Händen verkneten.

Den Backofen auf 160 Grad Celsius Umluft oder bei 180 Grad Celsius Ober- und Unterhitze vorheizen. Ein Backblech mit Backpapier auslegen.

Aus dem Teig kleine Bällchen formen und gleichmäßig auf das Backblech verteilen.

Die Backzeit beträgt ca. 25-30 Minuten. Die Bällchen rausnehmen, wenn Sie goldbraun geworden sind.

Die Bällchen auf ein Küchenrost legen und auskühlen lassen und dann genießen.

Guten Appetit!

Rezept für ein weihnachtliches Macadamia-Krokant:

Genau das Richtige für die Advents- und Weihnachtszeit.

Nur 20 Minuten Zubereitungszeit.

Das Rezept reicht für ein großes Backblech.

Dieses Rezept ist

- histaminarm
- laktosefrei
- glutenfrei
- vegetarisch
- vegan

<u>**Zutaten:**</u>

- 100 g Rohr-rohr-zucker

- 150 g Macadamia-Nüsse

<u>**Zubereitung:**</u>

Zuerst nehmt Ihr einen Gefrierbeutel, wo Ihr die Macadamia-Nüsse reinlegt.

Dann zerhackt Ihr die Nüsse in dem Gefrierbeutel. Die Stücke sollten möglichst fein gehackt werden.

Jetzt nehmt Ihr eine beschichtete Pfanne und stellt diese auf euren Herd. Nun gebt Ihr die fein gehackten Macadamia-Nüsse und den Rohr-rohr-zucker in die Pfanne (ohne Fett).

Bei schwacher Hitze wird das Gemisch jetzt unter ständigem Rühren etwa 7-8 Minuten geröstet. Wenn der Zucker sich karamellisiert hat, dann ist die Masse fertig.

Dann legt Ihr ein Backblech mit Backpapier aus und verteilt die Masse gleichmäßig auf dem Backblech. Das funktioniert am besten mit einem Messer. Mit dem Messer könnt Ihr die Masse gleichmäßig auf dem Backblech verstreichen.

Jetzt lasst Ihr die Masse etwa 20 Minuten abkühlen.

Nach dem Abkühlen könnt Ihr die Krokantplatte in kleine oder große Stücke brechen und sofort servieren.

Luftdicht verschlossen hält sich das Macadamia-Krokant 3-4 Wochen.

In kleine Tüten verpackt, kann das Macadamia-Krokant auch gut zu Weihnachten verschenkt werden.

Guten Appetit!

Rezept für ein weihnachtliches Mandel-Krokant:

Genau das Richtige für die Advents- und Weihnachtszeit.

Nur 20 Minuten Zubereitungszeit.

Das Rezept reicht für ein großes Backblech.

Dieses Rezept ist

- histaminarm (SGHI-Stufe 1)
- laktosefrei
- glutenfrei
- vegetarisch
- vegan

- 100 g Rohr-(rohr-)zucker

- 150 g Mandeln

- 1/2 Teelöffel Ceylon-Zimt

Zubereitung:

Zuerst nehmt Ihr einen Gefrierbeutel, wo Ihr die Mandeln reinlegt.

Dann zerhackt Ihr die Mandeln in dem Gefrierbeutel. Die Stücke sollten möglichst fein gehackt werden.

Jetzt nehmt Ihr eine beschichtete Pfanne und stellt diese auf euren Herd. Nun gebt Ihr die fein gehackten Mandeln, den Ceylon-Zimt und den Rohr-rohr-zucker in die Pfanne (ohne Fett). Bei schwacher Hitze wird das Gemisch jetzt unter ständigem Rühren etwa 7-8

Minuten geröstet. Wenn der Zucker sich karamellisiert hat, dann ist die Masse fertig.

Dann legt Ihr ein Backblech mit Backpapier aus und verteilt die Masse gleichmäßig auf dem Backblech. Das funktioniert am besten mit einem Messer. Mit dem Messer könnt Ihr die Masse gleichmäßig auf dem Backblech verstreichen.

Jetzt lasst Ihr die Masse etwa 20 Minuten abkühlen.

Nach dem Abkühlen könnt Ihr die Krokant Platte in kleine oder große Stücke brechen und sofort servieren.

Luftdicht verschlossen hält sich das Mandel-Krokant 3-4 Wochen. In kleine Tüten verpackt, kann das Mandel-Krokant auch gut zu Weihnachten verschenkt werden.

Das Mandel-Krokant schmeckt ähnlich, wie gebrannte Mandeln ;)

Guten Appetit!

Rezept für weihnachtliche Schokoladen-Pralinen:

Genau das Richtige für die Advents- und Weihnachtszeit. Perfekt auch zum Verschenken!

35 Minuten Zubereitungszeit.

Das Rezept reicht für eine Auflaufform oder ein bis zwei weihnachtliche Pralinenform/-en.

Aus der Masse ergeben sich ungefähr 32 Pralinen

Dieses Rezept ist

- laktosefrei
- glutenfrei
- vegetarisch
- vegan, wenn eine vegane Butter- und Sahne-Alternative genommen wird

Zutaten:

- 80 g Puderzucker

- 35 g laktosefreie oder vegane Butter

- 120 g laktosefreie Sahne

- 120 g vegane Zartbitter-Kuvertüre

Zubereitung:

Zuerst legt Ihr entweder die Auflaufform mit Backpapier aus oder Ihr nehmt eine Silikon-Pralinenform.

Die Zartbitter-Kuvertüre zerhackt Ihr mit einem Messer fein.

Die fein gehackte Kuvertüre gebt Ihr dann in einen mittelgroßen Kochtopf und fügt die restlichen Zutaten hinzu.

Die Masse kocht Ihr auf dem Herd einmal kurz auf.

Anschließend lasst Ihr die Masse auf mittlerer Hitze unter ständigem Rühren etwa 12 Minuten weiter köcheln, bis eine dickflüssige Masse entstanden ist.

Ob die Masse fertig ist, könnt Ihr prüfen, indem Ihr einen Teelöffel von der Masse nehmt und diese auf einen Teller gebt.

Wenn die Masse nach wenigen Sekunden fest wird, dann ist die Masse fertig. Wenn die Masse nicht fest wird, dann lasst Ihr das Ganze noch etwas weiterköcheln.

Jetzt gießt Ihr die Masse entweder in eine Auflaufform oder in ein bis zwei Silikon-Pralinenform/-en.

Das Ganze lasst Ihr dann etwa eine halbe Stunde abkühlen.

Wenn die Masse gut abgekühlt ist, dann könnt Ihr die Pralinen entweder aus der

Silikonform lösen oder Ihr schneidet die Masse in der Auflaufform in kleine Würfelstücke.

Jetzt können die Pralinen serviert oder in kleine Tüten verpackt zu Weihnachten verschenkt werden.

Damit die Pralinen noch besser zur Geltung kommen, könnt Ihr die einzelnen Pralinen noch in kleine Pralinen- oder Mini-Muffin-Förmchen setzen.

Guten Appetit!

Rezept für einen weihnachtlichen Schokoladen-Mandel-Drink:

Nur 5 Minuten Zubereitungszeit!

Wer keine Mandeln verträgt oder mag, der kann auch eine andere vegane Drink-Alternative, wie Soja, Hafer, Kokos, Haselnuss, Lupine, Kokos, etc. nehmen. Damit schmeckt der Drink auch gut ;)

Dieses Rezept ist

- laktosefrei
- glutenfrei
- vegetarisch
- vegan

Das Rezept reicht für etwa 5 Gläser mit ungefähr 200 ml Inhalt.

Zutaten:

- 40 g Puderzucker

- 3 Teelöffel veganes Kakao-Pulver

- 1 Liter Mandel-Drink

Zubereitung:

Zuerst mischt Ihr das Kakao-Pulver mit dem Puderzucker.

Dann gebt Ihr den Mandeldrink in einen großen Rührbecher und fügt anschließend das Kakao-Zucker-Gemisch hinzu.

Mit einem Schneebesen verrührt Ihr alles gründlich.

Dabei schwenkt Ihr die Masse immer wieder hin und her, damit sich die Mischung gut auflöst.

Zum Schluss verteilt Ihr den fertigen Drink auf 5 Gläser und gebt noch eine Prise Ceylon Zimt-Pulver hinzu. Jetzt kann der Drink serviert werden.

Wer lieber einen warmen Drink haben möchte, der gibt den fertigen Drink einfach für ungefähr 45 Sekunden in die Mikrowelle.

Wer mag, kann auch noch laktosefreie Sahne oder eine vegane Sahne-Alternative auf dem Drink geben.

Guten Appetit!

„Erst wenn

Weihnachten

im Herzen ist,

liegt Weihnachten

auch in der Luft.“

(William Turner Ellis)

Haftungsausschluss:

Dieses Buch und alle darin enthaltenen Informationen und Empfehlungen wurden nach bestem Wissen und Gewissen der Autorin verfasst. Eine Haftung der Autorin für Personen-, Vermögens- oder Sachschäden wird ausgeschlossen.

Für die in diesem Buch enthaltenen Angaben wird keine Gewähr übernommen.

-Alle Rechte vorbehalten-

Die Angaben in diesem Buch entsprechen dem Wissensstand bei Fertigstellung des Buches. Die aufgeführten Angaben zu einer beruhen auf dem jahrelang aufgebauten Fachwissen der Autorin und der persönlichen Einschätzung/Empfehlung der Autorin.

Dieses Buch darf nicht als Ersatz für eine professionelle medizinische Beratung oder Behandlung gelten. Bei allen gesundheitlichen Fragen sprechen Sie bitte mit Ihrem Facharzt.

Autorenporträt Kim W. Sommer

Kim W. Sommer ist zertifizierte Ernährungsberaterin, Fitnesstrainerin C-Lizenz und Pilates-Trainerin.

Zusätzlich ist sie Vertriebspartnerin der natürlichen Produkte der Marke ZINZINO.

Treten Sie bei Fragen mit der Autorin in Kontakt: https://www.zinzino.com/2016392442

Seit vielen Jahren beschäftigt sie sich mit dem Thema gesunde Ernährung.

Zum Thema gesunde Ernährung gehört nicht nur eine ausgewogene und abwechslungsreiche Ernährung, sondern auch Bewegung und Zeit für sich selbst.

Aktuelle Beiträge von der Autorin gibt es auf Instagram @kim.w.autorin.

Weitere Bücher von der Autorin:

- Erste Hilfe bei einer Histamin-Intoleranz
- Erste Hilfe und Rezepte bei einer Histamin-Intoleranz
- Brot und Brötchen backen mit Weinsteinbackpulver
- Tipps und Tricks für eine gesündere Ernährung im Berufsalltag
- 365 Tage Achtsamkeit und Selbstfürsorge
- Einfache Bastelideen und (vegane) Backrezepte für die Weihnachtszeit
- Süße Weihnachten für alle
- Basteln, rätseln und entspannen in der Advents- und Weihnachtszeit!
- Süße Rezepte, Ausmalbilder, Rätselquiz und Entspannungsübungen in der Osterzeit
- Der Weg zur Darmgesundheit: SIBO ganzheitlich behandeln -SIBO: Verstehen, Behandeln, Überwinden-
- Krimi: Gefährliche Suche nach der Wahrheit
- Morbus Meulengracht: Ein Ratgeber für ein gesundes und aktives Leben